أنا أمير

تأليف: رولا سعادة

رسوم: هشام سليمان

الطبعة الأولى
2023

دار الرُّقيّ
للطباعة والنشر والتوزيع
Website: www.alrouqy.com - Email: info@alrouqy.com

يَسْأَلُونَنِي: أَلَا تُرِيدُ أَنْ
تَكُونَ أَمِيرًا

كَمَا فِي الْقِصَصِ؟

فَأُجِيبُ: أَنَا أَمِيرٌ

حِينَ أُنْهِي أَكْلَ السَّنْدَوِيشِ

حِينَ أَهْتَمُّ بِجَدَّتِي

وَبِسَمَاعِ قِصَصِهَا

حِينَ أَتَعَلَّمُ كَلِمَاتٍ

جَديدَةٍ فِي مَدْرَسَتِي

حِينَ أُلَاعِبُ أَخِي الصَّغِيرَ

حينَ أَرْسُمُ رَسْمَةً جَمِيلَةً
فَأُقَدِّمُها لِوالِدي

حِينَ أَرْمِي
فُتَاتَ
الْخُبْزِ
لِلْعَصَافِيرِ

صيدلية

حينَ أُسَاعِدُ الْمُحْتَاج

حِينَ أَلْعَبُ وَلَا
يُهِمُّنِي أَنْ أَرْبَحَ

حِينَ لَا أُكْثِرُ مِنْ أَكْلِ

السَّكَاكِرِ لِأَنَّهَا مُضِرَّةٌ

حِينَئِذٍ أَكُونُ أَمِيراً فِي الْحَقِيقَيةِ وَلَيْسَ فَقَطْ فِي الْقِصَصِ!

www.ingramcontent.com/pod-product-compliance
Lightning Source LLC
LaVergne TN
LVHW060342200726
843506LV00008B/585